BLOQUES ROJOS

Susanna Mattiangeli

Rita Petruccioli

11,20

AF877473

Título original: *CASE ROSSE*
de Susanna Mattiangeli con ilustraciones de Rita Petruccioli

Publicado por primera vez por entregas en Internazionale Kids
Derechos negociados a traves de Ute Körner Literary Agent – www.uklitag.com

Valentín Beato, 21. 28037 Madrid
www.anayainfantilyjuvenil.com

Director editorial: Pablo Cruz
Edición: Rocío Alarcos
Asistente editorial: Mercedes González Grande

1.ª edición, mayo 2025

ISBN: 978-84-143-4256-5
Depósito legal: M-7590-2025

Impreso en España - *Printed in Spain*

PAPEL DE FIBRA
CERTIFICADA

BLOQUES ROJOS

Susanna Mattiangeli
Rita Petruccioli

Traducción de Juan Naranjo

deCÓMIC

MUCHOS DESEOS

1 EL MONSTRUO DE OSVALDO

¡MIRA, MINA!
¡QUÉ BONITA!
AY, HE TOCADO UN ERIZO.
DÉJAME VER.
VAYA, NO PUEDO.
BUENO... YA SALDRÁ SOLA.
SÍ...

MIRAD LO QUE HE ENCONTRADO.
HUM... ¡HOLA, JULIA!
¡EY!
¿QUÉ HACÉIS?
¿QUÉ PASA?
¿TE DUELE?
¡SÍ!
TENDRÉ MÁS CUIDADO.
¿QUÉ LE HA PASADO?
¿SE HA CORTADO?
¿LLAMAMOS A UNA *LAMBOLANCIA*?
NO SE DICE *LAMBO-LANCIA*, DUDU. SE DICE... UNA *LAMBULANCIA*.
MINA, ¿TÚ OYES UNAS VOCECILLAS MUY MOLESTAS?
NO, NO OIGO NADA.
VOY A CASA A POR UNAS PINZAS.

¡NI SIQUIERA NOS MIRAN!
PORQUE SOMOS PEQUEÑOS.
¡PERO PODEMOS CONVERTIRNOS EN MONSTRUOS ENORMES!
¡ASÍ NO NOS IGNORARÁN!
¡TRAIGO LAS PINZAS!
¿LISTO?
UNA, DOS Y TRES...
¡POP!
¡POP!

LO SIENTO, JOY, LA ESPINA SE HA ROTO.
¡DUDU! ¡LOLA! ¡OS VOY A MATAR!
¡HA SIDO SIN QUERE
¡MOCOSOS INSOPORTABLES!
OS QUEREMOS DAR UN CONSEJO, ¿VERDAD, JOY?
SÍ, PORQUE, A PESAR DE TODO, OS QUEREMOS.
PEQUES, TENED MUCHO CUIDADO: ¡EN LOS BLOQUES ROJOS HAY UN MONSTRUO!
EL MONSTRUO DE ASFALTO...
¡SÍ! EL MONSTRUO DE ASFALTO NACIÓ DE LA CALLE Y COME NIÑOS.
LE GUSTAN LOS MÁS PEQUEÑOS, COMO VOSOTROS...
GO HOME, DUDU!
¡IDOS A CASA! ¡NOSOTROS HAREMOS GUARDIA!
OK.

¡PAM!
¡ES ÉL!
¡PAM! ¡PAM!
¡EL MONSTRUO DE OSVALDO!
¡PAM!
¡NUESTROS HERMANOS ESTÁN EN PELIGRO!
¡SALVÉMOSLOS!
¿CÓMO VA ESA ESPINA? ¿LO INTENTO?
NO, SE HA METIDO PARA ADENTRO.
¡EH!
¡AAAH!!
PERDONAD, NO HA SIDO BUENA IDEA.
Y PENSAR QUE YO QUERÍA UN HERMANITO...
¿ESTÁS LOCA? ¡SERÍA HORRIBLE QUE FUESEN TRES!
¡HEMOS CAZADO AL MONSTRUO DE OSVALDO!
¿QUIÉN ES OSVALDO?
PUES... SERÁ EL JEFE DEL MONSTRUO.
¡ESTO NO SE HA ACABADO! ¡VOLVERÉ!

2 INTENTO DE FUGA

¿VAMOS A LA PLAYA?
¿CUÁNDO?
¡AHORA! LOS DEJAMOS EN EL COLE Y NOS VAMOS.
¡VALE!
AVISO A GIULIA.
TAP TAP TAP TAP TAPTAP
Hoy no vamos a clase.
7:45
¿Estás loca?
COLEGIO ANIT ALDI
EH, ¿NO ENTRÁIS?
ESPERAMOS A GIULIA, ¡ADIÓS!
SI MI MADRE SE ENTERA, ME MATA.
VENGA, ¡SI MAÑANA EMPIEZAN LAS VACAS!
¡EXACTO! ¡VAYAMOS MAÑANA!
¡HOY LA PLAYA ESTARÁ VACÍA!

TIENES RAZÓN.
¡ALEJÉMONOS DE AQUÍ CUANTO ANTES!
¿DÓNDE VAN?
NI IDEA.
¡NO PODEMOS DEJARLOS SOLOS!
¡VE MÁS DESPACIO, LOLA!
¿POR DÓNDE SE HAN IDO?
EH... ¿POR AQUÍ?
NOS HEMOS PERDIDO.

RETROCEDAMOS POR ESTA CALLE.
¿ADÓNDE? ¡NOS PERDEREMOS AÚN MÁS!
DUDU, NO SEAS CABEZÓN.
ADEMÁS, POR AQUÍ VIVE...
¡PAM!
... ¡EL MONSTRUO DE OSVALDO!
¡DÉJANOS!

¿ADÓNDE VAMOS?
¡AL POLO NORTE!
¡PUF!
¡QUÉ BONITOS!
PERO… ¿ESO QUÉ ES?
VEN, BONITA.
¡VEN AQUÍ!
¡ALLÍ!
¿?
¿?
¿?

¿PERO QUÉ HACÉIS AQUÍ?
¡VENIMOS A RESCATAROS!
¡NOS HA TRAÍDO EL MONSTRUO DE OSVALDO!
¿EL MONSTRUO DE QUIÉN?
NADA, SE HAN OBSESIONADO CON LA HISTORIA DEL MONSTRUO...
¡ERA DE ASFALTO, NO DE OSVALDO!
¿*ASFALTO* QUÉ ES?
ADEMÁS, YA ES AMIGO NUESTRO.
¡ESO!
¿PERO QUÉ ESTÁ PASANDO?
ESO DIGO YO.
TENGO HAMBRE.
MONSTRUO, LLÉVANOS A DESAYUNAR.
A TUS ÓRDENES.

3 UN NUEVO AÑO

PERO CON ELLOS A VECES ME SIENTO INVISIBLE.
EL TEMA ES QUE MINA Y JOY...
RAS RAS
EL TEMA ES QUE MINA Y ~~JOY~~ ES MUY GUAPA. CUANDO ESTOY CON ELLA, TODO ES DIFERENTE.
A VECES QUERRÍA SER ELLA.
PERO A ELLA NO LE GUSTARÍA SER COMO YO.
ELLA SOLO QUIERE SER COMO ES.

A VECES CREO QUE MINA PREFIERE ESTAR A SOLAS CON JOY.
¿PERO QUÉ ESTOY ESCRIBIENDO?
RASSS
¡TIN!
¿Qué haces? ¿Salimos? 15:00
Venga, ¡responde! Sabemos que estás en casa. 15:01
¿Y BIEN?
¿Qué pasa? 15:00
¡Venga, Giulia! ¿Te vienes a la playa? 15:01
Bajo. 15:05
15:05

¡QUÉ FRÍO!
¡ENCIENDO UN FUEGO!
HUM, ACERCAOS. HAY QUE TAPAR EL VIENTO.
MIRA, MIRA, YA ARDE...
¿HABÉIS HECHO LA REDACCIÓN DE LAS VACACIONES?
¿LA DEL AÑO NUEVO? SÍ...
¿QUÉ HAS ESCRITO?
LO TÍPICO, LO QUE SIEMPRE SE DICE.
QUE QUIERO ESTUDIAR MÁS, PERO NO ES CIERTO. Y QUE QUIERO SER MÁS PACIENTE CON MI HERMANITO, PERO TAMPOCO ES CIERTO.
¿QUIÉN SERÍA SINCERO EN UNA REDACCIÓN?
EH... YA VES. CLARO QUE NO.
¿A QUÉ VIENE HABLAR DEL COLE AQUÍ?

ALGO DE LO QUE HE ESCRITO SÍ ES CIERTO: ¡QUE QUIERO ESTAR SIEMPRE CON VOSOTROS!
Mis propósitos...
MIS PROPÓSITOS PARA EL AÑO NUEVO SON...
... ESTUDIAR MÁS Y NO PERDER TANTO EL TIEMPO.
¡YA VIENEN!
UNO, DOS, TRES...
¡BU!

¡LA HABÉIS CAGADO!
QUIERO APLICARME EN TODAS LAS ASIGNATURAS, ESTAR ATENTA EN CLASE...
Y SER MÁS ORDENADA. ¿QUÉ MÁS? NADA. ESTO ES LO QUE SE ESCRIBE EN LAS REDACCIONES.
LO OTRO, LO QUE DESEO DE VERDAD...
... SON COSAS QUE A VECES ME CONFUNDEN.

DÍAS DE INVIERNO

4 LA ESPINA

¡JOY!
¡AYUDA!
¡RESGUARDÉMONOS AQUÍ!
¡AHÍ ESTÁ MINA!
¡MINAAA!
¡EH, MINAAA!

MIN... AH.
GUAU, ES KEVIN, DE 3.º B.

¡MIRA, MINA!
¡QUÉ BONITA!
AY, HE TOCADO UN ERIZO.
DÉJAME VER.

¡MIRA, DUDU! ¡TU HERMANA ESTÁ CON UN CHAVAL!
PERO SE TIENE QUE CASAR CON JOY!
ASÍ TÚ Y YO SEREMOS... ¿QUÉ? ¿HERMANITOS?
CUÑADOS, CREO.
SPLASH
¡AL ATAQUE!
¿QUÉ HACÉIS? ¡MI CHAQUETA!
NOOO, ¡ERA NUEVA!
¡OS VOY A MATAR!

¡CORRE!
¡JOY!
JOY, ¡TE HEMOS SALVADO!
¡HEMOS ATACADO AL CHAVAL QUE ESTABA CON MINA!
¡PARA QUE OS CASÉIS Y PODAMOS SER *CAÑUDOS*!
CUÑADOS.
¿NO ESTÁS CONTENTO?
¡LOLA, CUANDO HABLES CONMIGO, NO DIGAS NI PÍO!
¿?

¡OS PILLÉ!
¡NO OS IMAGINÁIS LO QUE ME HAN HECHO! IBA PASEANDO CON...
KEVIN, TE HEMOS VISTO.
¡SÍ! ¡Y HAN VENIDO A MOLESTARNOS!
¡QUITA!
¡¡BAM!!
¡NADIE PILLA A DUDU Y LOLA!
¿CREÉIS QUE KEVIN ME SEGUIRÁ HABLANDO?
NO CREO.
OLVÍDALO.
QUÉ RABIA. ES MUY GUAPO.

5 IMPREVISTOS

MINA, POR FAVOR, VE A VER QUÉ LE HA PASADO A GIULIA.
VALE, PROFE.
¡GIULIA! ¿ESTÁS?
HUM... ¡SÍ!
¿ESTÁS BIEN?
¡NO!

¿QUÉ PASA? ¡ABRE!
CLAC
ESTO PASA...
UPS.
¿QUIERES UNA COMPRESA? VOY A POR UNA...
¡NO! ME HE PUESTO PAPEL HIGIÉNICO. PERO... ¿CÓMO VUELVO A CLASE?
TÁPATE CON ESTO.
SÉ QUE NO ES BONITO, PERO...
¿PERO QUÉ?
VENGA, ¡QUE TIENES UN EXAMEN!

¡PERDONE, PROFE! HA HABIDO UN PROBLEMA.
COMPRENDO. VOLVED A VUESTRO SITIO. OS DOY DIEZ MINUTOS EXTRA.
¿QUÉ HA PASADO?
NADA IMPORTANTE. COSAS DE MUJERES.
SEÑORITA
CHICA
MUJER
SEÑORITA
CHICA
MUJER
SEÑORITA

COLEGIO AN RIBALDI
¡VENGA, SAL! ¡YA SE HAN IDO TODOS!
¿SEGURO?
VÍA LIBRE.
PERO NO SERÁ ASÍ SIEMPRE, ¿NO? ¿CÓMO SE SABE CUÁNDO VIENE LA REGLA?
ESO ME PREGUNTO YO: ES MI PRIMERA VEZ.
YO SIEMPRE LLEVO UNA COMPRESA DE EMERGENCIA CUANDO ME VA A TOCAR QUE ME BAJE LA REGLA.
¡LA REGLA! ¡MINA TIENE LA REGLA!
¿DE QUÉ REGLA HABLAS?
¡LA REGLA SIRVE PARA TENER HIJOS!

OYE, ¿DESDE CUÁNDO LA TIENES?
DESDE ESTE VERANO. A FINALES DE MES, MÁS O MENOS. NO ES REGULAR.
¿ENTONCES A VECES NO VIENE? ¡QUÉ BIEN!
SOLO AL PRINCIPIO. Y TAMPOCO ES SEGURO... SÉ QUE ES UN FASTIDIO. PERO SON COSAS DE MUJ...
¡NO LO REPITAS, POR FAVOR!
SI MINA SE ENAMORA DE JOY Y TIENEN HIJOS, NOSOTROS SEREMOS SUS TÍOS.
¿DE QUIÉN?
¡NO TE ENTERAS! ¡DE SUS HIJOS!
LOLA, ¿TE PUEDES CALLAR UN POQUITO?
¡ME GUSTA HABLAR! HABLOHABLOHABLO. ¿VERDAD, DUDU? ¿HABLAMOS?
HABLAMOSHABLAMOS HABLAMOSHABLAMOS...
ESTABA MEJOR EN EL EXAMEN...

6 EL AMIGO DE ARENA

¿VAIS A LA PLAYA? ¿PODEMOS IR CON VOSOTROS?
NO, DUDU. ESTAMOS HACIENDO UN TRABAJO PARA EL COLE.
¡OS ACOMPAÑAMOS!
TARDAMOS MENOS EN LLEVÁRNOSLOS QUE EN LIBRARNOS DE ELLOS.
¡NO HAY NADIE! ¡ESTAMOS SOLOS!

VAMOS, BUSQUEMOS ESAS CONCHAS.
¡CUÁNTA PORQUERÍA!
MINA, ¿ES QUE VAS A LIMPIAR TODA LA PLAYA?
SOLO ESTA PARTE.
ESTAS NOS SERVIRÁN.
PERFECTAS.
¡LISTO!

¡YA PODEMOS MERENDAR!
¡NO SABÉIS LO QUE HE TRAÍDO!
¡'NDUJA!
¿QUÉÉÉ?
ES UN SALAMI SUAVE QUE SE EXTIENDE EN EL PAN. CALIENTE ESTÁ MUY RICA, PERO ASÍ TAMBIÉN.
ES TÍPICA DE CALABRIA. MIS ABUELOS PATERNOS SON DE ALLÍ.
¡MMM! ¡BUENÍSIMA!
MIS ABUELOS MATERNOS PROVIENEN DEL VÉNETO. YO SOY UNA MEZCLA.
HUM, YO NO SOY MEZCLADO. MIS PADRES SON DEL MISMO PUEBLECITO DE PERÚ.
TODA MI FAMILIA ES NIGERIANA, DE BENIN CITY.
BUENO, PERO TAMBIÉN SOIS ITALIANOS.

SÍ, YO SOY PERUANO DEL INTERIOR E ITALIANO DE LA COSTA.
YO SOY HABITANTE DE LA TIERRA, Y NADA MÁS.
¿NO COMES?
QUIERO DEJAR DE COMER CARNE, PERO LO PRUEBO.
MMM, YA EMPEZARÉ MAÑANA A SER VEGETARIANA...
PAT PAT
PAT PAT
¡SE HA HECHO TARDE!
¿DÓNDE ESTÁN ESOS DOS?
¡DUDU! ¡LOLA! ¿DÓNDE ESTÁIS?
AMIGO DE ARENA, ¡ESCÓNDENOS!

¡AQUÍ ESTÁN! ¡VENGA, VAMOS!
¡NO! ¡AYÚDANOS, AMIGO DE ARENA!
¡VAMOS, DAOS PRISA! ¡TENGO PLANES!
BUENO, AL FINAL NO ES TAN TARDE...
¿QUIÉN TIENE LAS CONCHAS?
NO LO SÉ, ME HAN DEBIDO DE CAER...
NO PASA NADA, ¡VOLVAMOS!
¡AMIGO DE ARENA, ALLÁ VAMOS!

SUEÑOS Y REALIDAD

7 ANHELOS

¿CREES QUE ME LLEGARÁ PARA UNOS CHICLES?
NO CREO...
T
PUUMM
¡AY!
SE LE HA CAÍDO ALGO...
¡CÓGELO!
¡VOY!
¡SON UNOS RASCA Y GANA!
SUERTE
¿CÓMO SE JUEGA?
HAY QUE RASCAR CON UNA MONEDA.

SI APARECE DINERO, HEMOS GANADO.
¿ESO ES DINERO?
SUERT
100.000
CREO QUE SÍ.
¡¡¡SÍÍÍÍ!!!
¡AQUÍ TAMBIÉN HAY DINERO!
SUERT
30.000
100.000
¡Y AQUÍ!
¡DINERO PARA TODOS!
¿CUÁNTO CREES QUE HEMOS GANADO?
NO LO SÉ, PERO SOMOS RICOS.

¡OH! ¡ME HA ESCRITO KEVIN, ESE TAN GUAPO DE 3.º B!
ME PREGUNTA SI ME VOY AL PARQUECILLO CON SUS AMIGOS...
¿Y TÚ QUIERES IR CON ÉL?
VOY A IR, ¡PERO VENID CONMIGO!
OYE, YO NO QUIERO...
Y YO TAMPOCO...
¡VENGA, NO SEÁIS ABURRIDOS!
PERO SOLO CINCO MINUTOS, ¿PROMETIDO?
QUE SEAN DIEZ.
OK.

¡HOLA, MINA!
ELLOS SON JOY Y GIULIA.
EH.
EH.
¡SUBAMOS UNA HISTORIA!
¡EH!
OK.

¡HEMOS GANADO
EL JUEGO DEL DINERO!
¡SOMOS RICOS!
¿QUIÉN NOS LLEVA AL
ESTANCO A RECOGERLO?
NECESITAMOS
A UN MAYOR.
PORQUE ES
UN JUEGO DE
MAYORES.
¡VOY YO!
¿QUÉ DECÍS
DE...?
¡OYE!
DEJADME
VERLO.
¡NO HABÉIS GANADO
NADA DE NADA!

¡SE GANA SI SALEN TRES NÚMEROS IGUALES!
¿Y NO ERAN IGUALES?
NO.
NO ES JUSTO.
YA VES.
QUÉ MÁS DA, EL ELEFANTE NOS LO QUEDAMOS.
¡ESO!
VENGA, MINA, DIJIMOS QUE DIEZ MINUTOS.
VALE, VAMOS, YO TAMBIÉN ME HE HARTADO.
¿Y VOSOTROS QUÉ HARÍAIS SI GANASEIS UN MONTÓN DE DINERO?
YO LO REPARTIRÍA CON VOSOTROS.
¡Y YO!
¡SÍ! Y LE DARÍA ALGO A ESOS DOS.
HAY QUE RECONOCER QUE MOLAN MUCHO.
ELEFANTE, ¡LLÉVANOS A PALACIO!

8 EL LIBRO DE LOS SUEÑOS

¿QUÉ HACES?
¿QUÉ ESCRIBES?
NADA.
MENTIRA,
¡ESTÁS ESCRIBIENDO
ALGO!
NO ME DISTRAIGAS,
QUE ME OLVIDO.
ESCRIBO LO QUE ME
PASA DE NOCHE.
SUEÑOS

HE SOÑADO QUE VOLABA.
¡ESE ES MI PODER SOÑADO!
¿Y EL VUESTRO CUÁL ES?
YO QUERRÍA ESTAR EN VARIOS SITIOS A LA VEZ.
¿Y TÚ CON QUÉ SUEÑAS, GIULIA?
NO ESTOY MUY SEGURA...
NO IMPORTA, ¡DI UN PODER!
VOLVERME DEL TODO INVISIBLE...

¿GIULIA?
¿ESTÁ AHÍ ARRIBA?
PUES NO...
MIRARÉ MÁS ARRIBA.
¡GIUUUULIA!
¡SE HA ESFUMADO!
¡EH! ¡AHÍ ESTÁ!

¡QUÉ BONITO ES QUE TE ENCUENTREN!
MIAUUU
MIAUUU
¡EH! ¿QUÉ HACES AHÍ?
TENGO EL PODER DE CONVERTIRME EN GATO, PERO NO SÉ BAJAR DE AQUÍ.
ACÉRCATE DESPACIO...

BOING
¡OH, OH!
¡JOY!
¡¡¡¡AAAAAAAA!!!
¡AYYY!
PLUUUM
¡HABÉIS DESTRUIDO MI MONTÓN DE HOJAS!
ESTO LO HE VIVIDO ANTES...
¡NOS HAS SALVADO LA VIDA!
¿QUÉ HAY AQUÍ?
RENUNCIO UN RATO AL PODER DE VOLAR.
¡DUDU TIENE EL PODER DE LA MERIENDA!
¡SÍ!
¡Y YO NO RENUNCIO!

9 NOVEDAD

Giulia
¡Hola!
9:25
Joy
¿Qué hacemos?
9:25
Mina
¿Playa?
9:26
Giulia
¿Playa?
9:27
Mina
¡Vale! He preparado fruta. ¿Me recogéis y nos vamos juntos?
9:27
RAS RAS
RAS
RAS
Joy
Me pongo el producto de los piojos y voy.
9:32
Giulia
¡A mí también me pica la cabeza! Mina, ¿y a ti?
9:32
Mina
¡A mí no! Pero me echaré un vistazo.
9:33

¿ALGUNO?
NINGUNO.
VAYA.
¡DUDU! ¡TE HE TRAÍDO MUCHOS PIOJOS!
¡GUAU! ¡GRACIAS!
¡MIREMOS UNO AL MICROSCOPIO!
¡AHÍ ESTÁ!
¡QUÉ BONITO!

¿CÓMO SERÁ LA VIDA DE LOS PIOJOS?
SERÁ MUY EMOCIONANTE.
SÍ, LLENA DE SORPRESAS.
¡AAAH! ¡EL TRATAMIENTO!
¡AAAH! ¡EL PEINE!
VENGA, ¡TIRAD ESA ASQUEROSIDAD Y VAMOS A LA PLAYA!
NO, ESPERA, DÉJAME VER. ¡QUÉ ASCO!
¡YO TAMBIÉN QUIERO VERLO!
¡VÁMONOS!

¿OS HABÉIS PUESTO BIEN EL TRATAMIENTO?
SÍ, HA SIDO UNA MATANZA. LOLA ESTABA LLENA.
Y YO.
¿LISTA PARA EL PRIMER BAÑO DEL AÑO?
CLARO.
¡VAMOS!
¡ESPERADME!
SPLASH

¡MIRA, JOY!
¡PRECIOSA!
¿TE ACUERDAS QUE EL AÑO PASADO TE CLAVASTE UNA ESPINA?
AÚN LA TENGO, SE HA FORMADO UN CALLO...
¿EN SERIO? DÉJAME VER...
ESPERA, ESPERA, ESPE... ¡SÍÍÍ! ¡TE LA HE SACADO!
¡QUÉ ALEGRÍA!

¡MÍRALA, ERA ENORME! ¿NO TE DOLÍA?
AL PRINCIPIO, MUCHO; DESPUÉS, MENOS.
¡DANOS LA ESPINA!
GUAU
¿TE IMAGINAS TENER ESPINAS?
¡SÍ, QUÉ GUAY!
¿MEJOR?
¡SÍ! ¿SABES QUÉ? ME SIENTO... LIBRE.
¿SEGURO QUE NO TIENES PIOJOS?
NO TE GIRES, PERO AHORA SOMOS HERMANOS.
NO SOMOS HERMANOS, SOMOS... ¿CÓMO ERA? *¿CEÑUDOS?*
¿CALLOSOS? ¿CUPIDOS? ¡CUÑADOS!
CUÑADOS, ESO. SOMOS CUÑADOS.

RECUERDOS DEL VERANO

10 TODO BIEN

¿LO LLEVAS TODO?
CREO QUE SÍ.
¿ESTÁS LISTO O NO?
UN MOMENTO.
¡CORRE!
¡YA CORRO!
¡EH! ¿PERO QUÉ PRISA TENÉIS?
¿Y AHORA QUÉ?
AHORA SACAMOS LAS COSAS.
NO OS ALEJÉIS MUCHO, YO TENGO QUE IR A...
SEÑORA, ¿QUIERE COMPRAR UN TAPÓN DE LA SUERTE?
CINCUENTA CÉNTIMOS.
NO, GRACIAS, NIÑOS.
¿ESTÁ SEGURA? SON ESPECIALES Y DAN SUERTE A QUIEN...
HE DICHO QUE NO ME INTERESA, GRACIAS.
VAMOS, LOLA. SIGAMOS.

¡BUENAS!
¡EH! ¡HOLA!
¿ESA NO ES LA CHICA QUE LE GUSTABA A KEVIN?
¡KEVIN, MIRA!
¡OOOH! ¡A MINA LE GUSTAN JOVENCITOS!
EH, GIULIA, ¿SE HA DISUELTO EL TRÍO?
¿QUÉ TE PASA?
A MÍ NADA. ESTOY GENIAL. ¿Y TÚ?

PERFECTAMENTE.
TODO VA BIEN.
MEJOR QUE NUNCA.
MEJOR QUE.
MEJOR.

¿GIULIA?
ME HABÍA QUEDADO DORMIDA.
¿TODO BIEN?
¿PERO QUÉ LE PASA A TODO EL MUNDO? ESTOY GENIAL.
PUES NO LO PARECE.
PACIENCIA.
SÉ QUE ES MUY EXTRAÑO QUE JOY Y YO...
SÍ, ES EXTRAÑO. ME TENGO QUE... ACOSTUMBRAR.
¿TODO BIEN?
¿ES QUE NO SABÉIS DECIR OTRA COSA?

EL NEGOCIO NO VA NADA BIEN.
NO SÉ POR QUÉ.
¡ACABO DE TENER UNA IDEA! ¿ME ADMITÍS COMO SOCIO?
VALE.
HACED LO QUE OS DIGA.
HOLA. ¡LE REGALO ESTE COLGANTE DE LA SUERTE!
NO, GRACIAS. DE VERDAD...
¡PRUÉBESELO!

¿SABES QUÉ? ¡ESTE COLGANTE FUNCIONA DE VERDAD!
GIULIA, ¿TODO BIEN?
¡TE VOY A DAR UNA PALIZA!
¡BROMEABA!
¡YO TAMBIÉN!
SE ACABÓ, ¿QUERÉIS UN HELADO?
¿PERO QUÉ HACEN DUDU Y LOLA?
PARECE QUE TIENEN UN MERCADILLO.
SÍ, DIEZ EUROS CADA UNO.
¡DE UNO EN UNO!
DÁMELO, KEVIN. YO SOY EL CAJERO.
¿DIEZ EUROS?
SON LAS LEYES DEL MERCADO...

11 INTENTA ADIVINARLO

¡ESTOY AQUÍ!
QUÉ SUEÑO TAN FEO.
¡HOLA!
HOLA, GIULIA. ¿TODO BIEN?
HUM, SÍ.
HE SOÑADO QUE DESAPARECÍA. ME TENÍAIS DELANTE Y NO ME VEÍAIS.
Y TÚ ME DECÍAS QUE TENÍA QUE HACER PIS DE PIE...
SÍ, SÍ, ¡ESTAMOS LLEGANDO!

DATE PRISA. MINA ME... NOS ESPERA.
¿ME HAS OÍDO? VOSOTROS NO ME VEÍAIS.
DEBERÍAS APUNTAR TUS SUEÑOS. YO SIEMPRE LO HAGO.
VALE, JOY. GRACIAS POR EL CONSEJO.
¡AQUÍ ESTÁS!
¿QUÉ TAL, SOCIOS?
BIEN.
AYÚDANOS A HINCAR LOS PALOS.
¡DUDU Y LOLA TE DESVELAN EL FUTURO! ¡PRECIOS POPULARES!

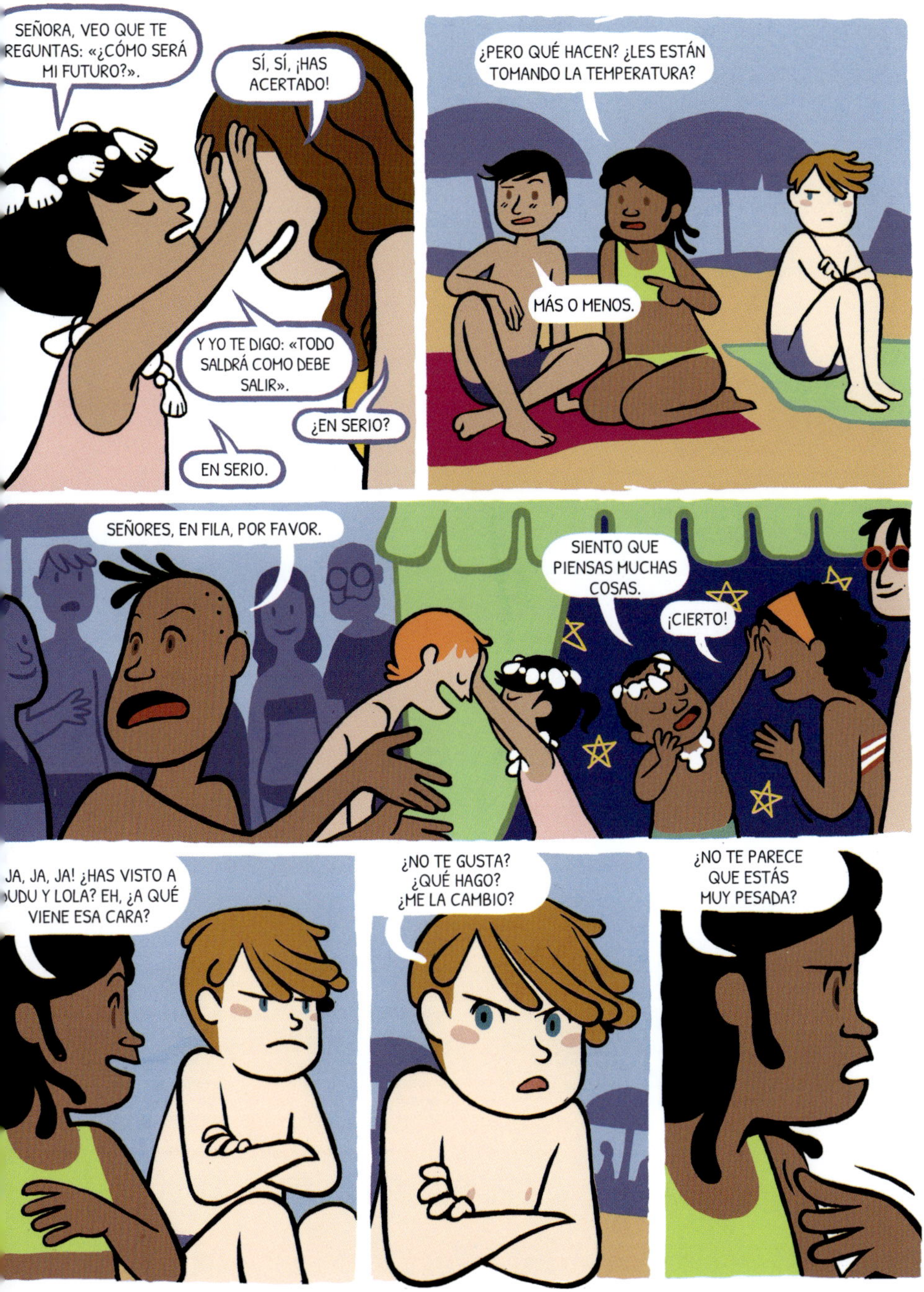
SEÑORA, VEO QUE TE REGUNTAS: «¿CÓMO SERÁ MI FUTURO?».
SÍ, SÍ, ¡HAS ACERTADO!
Y YO TE DIGO: «TODO SALDRÁ COMO DEBE SALIR».
¿EN SERIO?
EN SERIO.
¿PERO QUÉ HACEN? ¿LES ESTÁN TOMANDO LA TEMPERATURA?
MÁS O MENOS.
SEÑORES, EN FILA, POR FAVOR.
SIENTO QUE PIENSAS MUCHAS COSAS.
¡CIERTO!
JA, JA, JA! ¿HAS VISTO A UDU Y LOLA? EH, ¿A QUÉ VIENE ESA CARA?
¿NO TE GUSTA? ¿QUÉ HAGO? ¿ME LA CAMBIO?
¿NO TE PARECE QUE ESTÁS MUY PESADA?

VALE. OS SOBRO. ESTÁ CLARO...
¡ESPERA, GIULIA!
¡PERDONA!
¿ME DICES DE UNA VEZ QUÉ TE PASA?
NO AGUANTO MÁS... ESTOY...
¿ESTÁS...?
CELOSA. SÍ. ESTOY CELOSA.
¿CELOSA EN QUÉ SENTIDO? SIEMPRE SEREMOS TUS AMIGOS...
NO TE ENTERAS DE NADA, MINA. NO TIENE QUE VER CON LA AMISTAD.

ES POR TI.
¿EN QUÉ SENTIDO?
JUSTO EN EL QUE CREES. PERO ES UN PROBLEMA MÍO, NO TUYO.
OYE, JOY. GIULIA Y YO TENEMOS QUE HABLAR Y...
¿QUIÉN QUIERE SABER SU FUTURO?
¡EN EL FUTURO HABRÁ GRANIZADO PARA TODOS!
¡INVITAMOS NOSOTROS! ¡SOMOS RICOS!
¿PERO QUÉ LE PASA A GIULIA?
AH... NADA. COSAS NUESTRAS.
SIENTO QUE LO QUIERES DE LIMÓN.
ERROR.
MENTA.
ESO SÍ.

12 SER YO

QUERIDA MINA:
CUANDO RECIBAS ESTA CARTA YA ESTARÉ VIVIENDO EN LOS BOSQUES...
... ME HARÉ UNA CABAÑA Y COMERÉ LOMBRICES.
Querida Mina:
¡QUÉ ASCO!
¡RAAASSS!
QUERIDA MINA: ME MARCHO A TIERRAS LEJANAS PARA QUE JOY Y TÚ NO TENGÁIS QUE VERME...
QUERIDA MINA: SÉ QUE JOY Y TÚ ME QUERÉIS MUCHO. SIENTO SER TAN INVASIVA.
PESADA
CELOSA

SIENTO MUCHO SER... SER COMO SOY.
¡¡¡FRASH!!!
¿CÓMO ME GUSTARÍA VIVIR?
¿MOTORIZADA?
¿A PEDALES?
¿BAJO EL AGUA?
¿EN LAS NUBES?

BRRRRRRRR
¿Y AHORA QUIÉN SERÁ?
¡AH! SÍ, SUBE.
¿PUEDO? TE TRAIGO UN REGALO.
¡AY! ¡PERO ES EL TUYO!
QUIERO QUE LO TENGAS TÚ. MÍRALO CUANDO ESTÉS TRISTE. TE ANIMARÁ.
GRACIAS, MINA. NO SÉ QUÉ DECIR.
OYE, LO SIENTO MUCHO... SÉ QUE NO DEBERÍA SER ASÍ...
¿CÓMO?
NO LO SÉ.
EN MI OPINIÓN, SE PUEDE SER DE MUCHAS FORMAS.
¿INCLUSO PESADA Y CELOSA?
SOLO DE VEZ EN CUANDO, ¿VALE?
SÍ.

¿DÓNDE TE GUSTARÍA IR?
A LA PLAYA.
¡VAMOS!
¡CORRE!
¡YA VOY!
¡EH! ¿DÓNDE ESTABAIS?
¡MÉTETE EN TUS ASUNTOS!
SPLASH
¡DESCUBRAN SU FUTURO CON LOS MEJORES VIDENTES DE ESTA PLAYA!
¿MI HIJO SE CASARÁ ESTE AÑO?
SU HIJO, SU HIJO... HARÁ ALGO IMPORTANTE ESTE AÑO.
¿EN SERIO?
SÍ.

SE ACERCAN UNAS NUBES.
¡MIRAD! SON MUCHÍSIMAS.
Y MUY DISTINTAS.
CADA VEZ HAY MENOS CLIENTES...
ESTÁ ACABANDO EL VERANO.
LO HEMOS PASADO GENIAL.
SÍ.
PAT
PAT
HOMBRE DE ARENA, ¿SABES QUE SOMOS... *IMPRENDIDORES?*
ESO, NIÑOS DE NEGOCIOS.
¿SE DICE ASÍ?
SÍ.

PEQUES, HE DESMONTADO EL QUIOSCO. ¡DIVIDAMOS EL DINERO!
DUDU, ¿LO TIENES TÚ?
¿DUDU?
EH... SÍ. PERO NO LO ENCUENTRO...
HOMBRE DE ARENA, ¿HAS COGIDO NUESTRO DINERO?
¡LO HABÍA COGIDO ÉL! ¿ES QUE NO LO HAS VISTO?
SÍ, CLARO, EL HOMBRE DE ARENA, POR SUPUESTO...
¿VIENES?
NO, ME QUEDO UN POCO MÁS. GRACIAS POR EL GLOBO TERRÁQUEO, MINA.
RECUERDA: CUANDO ESTÉS TRISTE...
YA ESTOY MEJOR. FUNCIONA.

OTRA VEZ OTOÑO

13 SORPRESAS

LOLA, ¡QUÉ *ROCHE*, *MANA*!
¿ESO QUÉ ES?
QUE NO QUIERE OÍR HABLAR DE SOBRINITOS.
¡PUEDE QUE TENGAN MUCHOS Y MUY DISTINTOS!
¡ASU MARE, LOLA!
¿QUÉ DICE?
QUE SERÁ MEJOR QUE NOS VAYAMOS...
YEAH, GET AWAY!
¡PERO SI SON MIS SOCIOS! ¿QUÉ HACÉIS?
NADA, ES QUE NOS GUSTA CORRER.

¡GUAY! ¿UNA CARRERA PARA VER QUIÉN LLEGA ANTES A LA PLAYA?
¿CINCO EUROS PARA EL GANADOR?
TRATO HECHO.
OS DAMOS ALGO DE VENTAJA. PREPARADOS, LISTOS...
¡¡¡YAAA!!!
¿DÓNDE HABRÁN IDO LOLA Y DUDU?
ESTARÁN JUGANDO...
OYE, ¿QUÉ HA PASADO CON GIULIA? ¿SE PUEDE SABER?
HA TENIDO UN ARREBATO DE... CELOS, DIGAMOS.
¿SE SIENTE ALGO EXCLUIDA NO? ES LÓGICO.

NO EXACTAMENTE. GIULIA ESTÁ TRISTE POR MI CULPA.
¿Y ESO? EN EL SENTIDO DE... ¿EN SERIO?
NUNCA LO HABÍA PENSADO, LA VERDAD. ENTIENDO.
PERO CREO QUE YA ESTÁ MEJOR.
¡TIN!
GIULIA DICE QUE NOS VEAMOS EN LA PLAYA, DONDE SIEMPRE, PORQUE TIENE UNA SORPRESA.
¿SERÁ UNA NOVIA?
PARA YA.
¿QUÉ PASA? ¿TE PONDRÍAS CELOSA?
ERES TONTÍSIMO...

¡NOS VAN GANANDO!
¡NO NOS RINDAMOS!
¡NO PUEDO... MÁS!
¡AGUANTEMOS!
¡DUDU, MIRA QUIÉN ES!
¡EL MONSTRUO DE OSVALDO!
NO, DE ASFALTO.
¡ESO!
AMIGO MONSTRUO, ¡LLÉVANOS YA A LA PLAYA!
A VUESTRO SERVICIO.
¡CASI HEMOS LLEGADO!

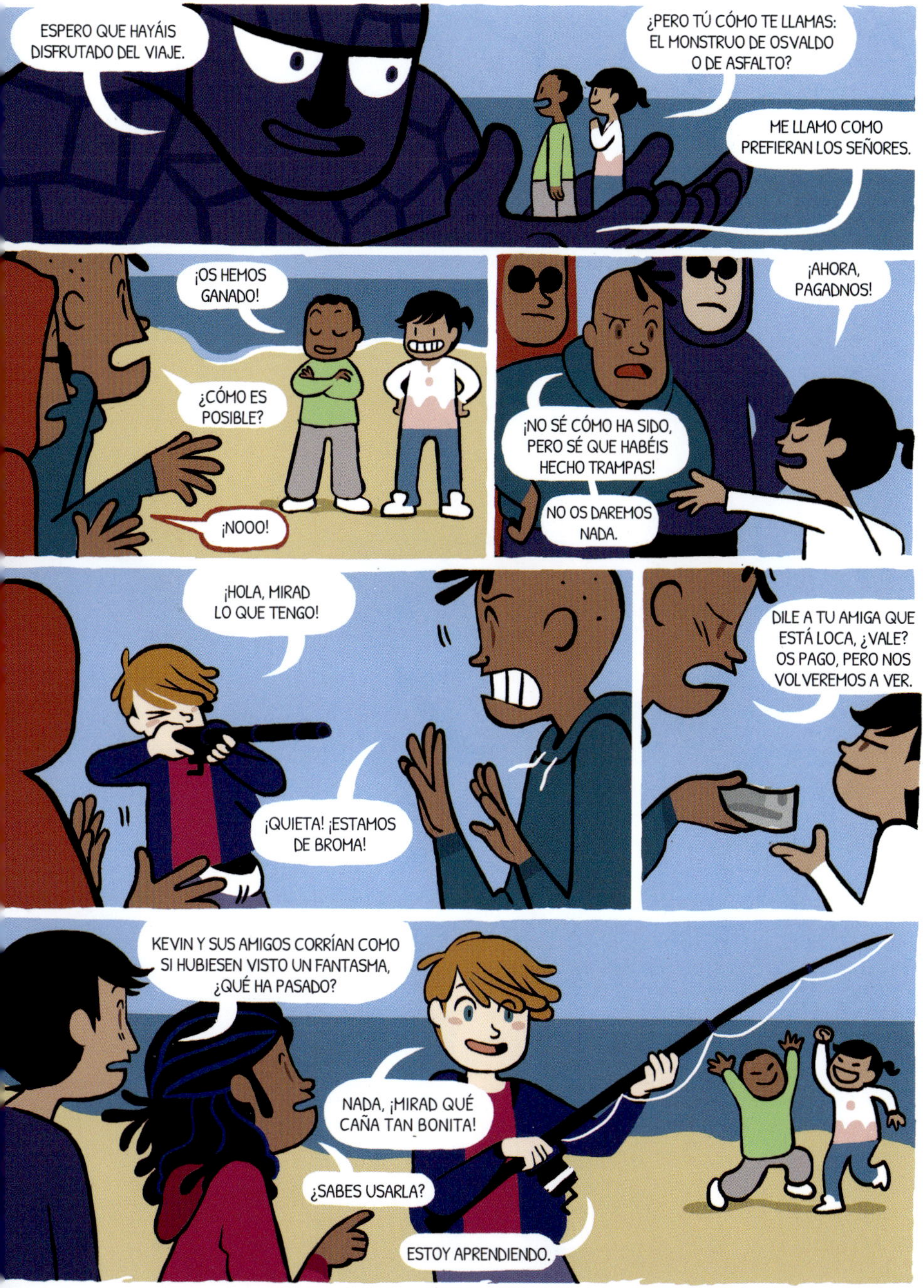
ESPERO QUE HAYÁIS DISFRUTADO DEL VIAJE.
¿PERO TÚ CÓMO TE LLAMAS: EL MONSTRUO DE OSVALDO O DE ASFALTO?
ME LLAMO COMO PREFIERAN LOS SEÑORES.
¡OS HEMOS GANADO!
¿CÓMO ES POSIBLE?
¡NOOO!
¡AHORA, PAGADNOS!
¡NO SÉ CÓMO HA SIDO, PERO SÉ QUE HABÉIS HECHO TRAMPAS!
NO OS DAREMOS NADA.
¡HOLA, MIRAD LO QUE TENGO!
¡QUIETA! ¡ESTAMOS DE BROMA!
DILE A TU AMIGA QUE ESTÁ LOCA, ¿VALE? OS PAGO, PERO NOS VOLVEREMOS A VER.
KEVIN Y SUS AMIGOS CORRÍAN COMO SI HUBIESEN VISTO UN FANTASMA, ¿QUÉ HA PASADO?
NADA, ¡MIRAD QUÉ CAÑA TAN BONITA!
¿SABES USARLA?
ESTOY APRENDIENDO.

14 LA SEÑORA ÁRBOL

O ENTIENDO VUESTRO INTERÉS
ASESINAR CRIATURAS MARINAS.
¿OTRA VEZ, MINA? UF...
ELLOS ESTÁN TAN TRANQUILOS, A SU ROLLO...
ADEMÁS, ¿DE VERDAD SABÉIS PESCAR?
¿SABRÉIS SACARLE EL ANZUELO?
HE VISTO HACERLO A GENTE INEXPERTA: ES UNA CRUELDAD.
VAYA, NO NOS LO HABÍAMOS PLANTEADO.
ES CIERTO.
PESCA
AQUÍ HAY UN ESQUEMA, PERO NO LO ENTIENDO BIEN.
PESCA

¿CÓMO CREES TÚ QUE SE HACE?
GIULIA, LA VERDAD ES QUE SE ME HAN QUIT LAS GANAS. YA NOS LO EXPLICARÁ TU TÍO.
HAY QUE DEJAR EN PAZ A LOS ANIMALES.
YO HE DEJADO DE COMER CARNE Y PESCADO.
HUM, YO SERÍA INCAPAZ.
YO PODRÍA RENUNCIAR A LA CARNE, PERO NO AL PESCADO.
AUNQUE NO ES LA PESCA CON CAÑA LO QUE DESTRUYE LOS MARES...
CIERTO.
NADIE CREE SER QUIEN DESTRUYE EL MEDIO AMBIENTE.
EN LA TIERRA HAY MUCHÍSIMA GENTE.
¿TE IMAGINAS VER LA TIERRA DESDE ARRIBA?
¿SOBREVOLARLA?

¡PERO SI TENEMOS UNAS MONTAÑAS JUSTO AHÍ Y NUNCA VAMOS!
¡IMAGINAD LAS VISTAS DESDE ALLÍ!
HAY UN SENDERO QUE SALE DE ATRÁS DE LOS BLOQUES ROJOS. TENGO UN MAPA.
¡YO LLEVO LA COMIDA!
Y YO LOS PRISMÁTICOS Y LA CANTIMPLORA.
Mina
Una cantimplora no es suficiente. Llevaré también la mía.
23:29
Giulia
Yo llevaré fruta. Joy, ¿traerás un poco de chocolate?
23:29
Joy
Ok.
23:30
JOY, ¿QUÉ HACES? ¿APUNTAS UN SUEÑO?
SÍÍÍ.

¿QUÉ HAS SOÑADO? ¿DÓNDE VAS HOY? ¿PUEDO IR CONTIGO?
HE SOÑADO QUE VOLABA. A LA MONTAÑA. NO.
HA SIDO IMPOSIBLE DEJARLA EN CASA. POR DIOS, QUÉ PESADA.
Y QUE LO DIGAS. DUDU TAMBIÉN VIENE.
¡ESPERADNOS! ¡YA LLEGAMOS!
DAOS PRISA, VAMOS.
¿CUÁNTO FALTA?
NO LO SÉ. EN EL MAPA PARECÍA MÁS FÁCIL.
SE NOS DA IGUAL DE MAL EL SENDERISMO QUE LA PESCA.
¡MIRA, LOS BLOQUES ROJOS!
NO SE ESTÁ MAL AQUÍ.
NO PUEDO MÁS.
ESTOY MUERTO.

¿ESTÁIS CANSADOS? ¿QUERÉIS DESCANSAR UN POCO?
¿MEJOR ASÍ? ¿ESTÁIS CÓMODOS?
SÍ, MUCHO MEJOR ASÍ, SEÑORA ÁRBOL.
¡LOLA, DUDU! ¿QUÉ HACÉIS? ¡NO OS QUEDÉIS ATRÁS!
¡GRACIAS, SEÑORA! ¡HASTA LA VISTA!
¡VOLVED SIEMPRE QUE QUERÁIS!
LOLA, VEN, ¡HAZNOS UNA FOTO!
DATE PRISA, ¡DISPARA!
¡ESTOY DISPARANDO!
¡CLIC!
¡ES COMO SI VOLARAIS!
¡DUDU Y YO TAMBIÉN QUEREMOS UNA FOTO VOLADORA!
¡VENGA! OS IMPULSAMOS DESDE ABAJO Y... ¡CLIC!
¡VALE!

15 OTRA NOCHEVIEJA

¿VAS A IR A PESCAR CON ESTE FRÍO?
NO, VOY A CASA DE MI TÍO PARA QUE ME ENSEÑE A CAMBIAR EL CARRETE, QUE ESTÁ MUY VIEJO.
¿QUÉ HACES HOY?
ESTA TARDE QUERÍA ESTUDIAR CIENCIAS.
¡TE ESTÁS VOLVIENDO UNA EMPOLLONA!
ES QUE ME FLIPA...
¡AHÍ ESTÁ ESA LOCA!
¿?
ME APUNTASTE CON UN FUSIL, ¡NUNCA LO OLVIDARÉ!
¿UN FUSIL? ¿TE REFIERES A ESTO?
¡AY, POR DIOS! ¡PARECÍA UN FUSIL!
¡MENUDO PALO!

CONFIÉSALO, GIULIA: ¡ES UN FUSIL DE PRECISIÓN!
¡JA, JA, JA! SOY UNA ASESINA A SUELDO.
BUENO, PERO...
¡ATENTOS AL BOMBAZO!
BUUUM
¡AHÍ VA OTRO!
¡AY!
BUUM
¡AQUÍ ESTÁN LOS LADRONES DE PETARDOS!

SOLO COGÍ LOS DOS MÁS GRANDES Y ESTOS MÁS PEQUEÑOS.
¿SOIS CONSCIENTES DE QUE SON MUY PELIGROSOS?
OS PUEDE PASAR ALGO MUY GRAVE...
SI QUERÉIS PETARDOS, ¡YO OS LOS VENDO! TENGO DE MUCHOS TIPOS.
¡OYE!
¿CÓMO SE TE OCURRE VENDERLE PETARDOS A DOS...?
¡LO DECÍA EN BROMA, CHAVAL!
¡VAYAMOS A LA PLAYA A VER JUNTOS LOS FUEGOS ARTIFICIALES DE NOCHEVIEJA!
¡SÍÍÍ!
¡HAGAMOS UNA HOGUERA!
¡TRAED UNA COLCHA!
¿VAMOS?
VENGA, VALE.
OK.

¿CUÁNDO EMPIEZAN LOS FUEGOS?
¿QUÉ VAMOS A HACER?
NADA. NOS QUEDAMOS AQUÍ Y YA ESTÁ. NO SEÁIS PESADOS.
PARECE QUE HA PASADO UN SIGLO DESDE LA ÚLTIMA NOCHEVIEJA.
¡ES VERDAD!
YO NI SIQUIERA LA RECUERDO BIEN...
¡ES LA HORA DEL MALVAVISCO!
¡SÍ!
¡VOY A HACER UN SUPERPINCHO!
¿ESTO CÓMO SE COME?
ESTO ES COSA DE HOMBRES...
¡AY!***
¡QUEMA!
¡AUUU!
VAAALE.
UPS.

¡AHÍ ESTÁN!
¡HA LLEGADO LA HORA DE LOS DESEOS!
YO DESEO...
... SER YO MISMA AL 100 %.
YO, QUE ESTOS FUEGOS NO DAÑEN A LOS ANIMALES.
¿QUÉ QUIERO YO...?
¡MIRAD! ¡MI DESEO SE HA CUMPLIDO YA!
CON RAZÓN ESTÁBAMOS TAN TRANQUILOS...

DUDAS Y CERTEZAS

16 MENSAJES

COLEGIO ANITA GARIBALDI
¡HAY QUE DARSE PRISA!
SÍ.
VAMOS TARDE, COMO SIEMPRE.
ES UN RETRASO LEVE.
LEVÍÍÍSIMO.
¡ESTO ES ABSURDO!
¿EL QUÉ?
LA PROFE DE CIENCIAS NOS HABLA DE LA INVASIÓN DEL PLÁSTICO, HEMO INVESTIGADO LOS PELIGROS DEL PLÁSTI ¿Y QUÉ HAY EN EL VESTÍBULO?
¡UNA MÁQUINA EXPENDEDORA DE PLÁSTICOS!
¡MINA! ¡AHORA SÍ QUE SE NOS HA HECHO TARDE!
PERDONADME, PERO ME NIEGO...
¡Clic!
BASTA DE PLÁSTICOS EN EL COLEGIO

minamina
BASTA DE PLÁSTICOS EN EL COLEGIO
minamina En el cole nos enseñan a respetar el medio ambiente y, a la vez, nos venden plásticos
A VER SI EL COLEGIO ESPABILA UN POCO.
isa_be: Qué guapa eres, Mina
giggio_giò
nappomasil hot!
anto00
@minamina ¿Siempre vas con ese enano?
anto00
@minamina ¿Siempre vas con ese enano?
pittok8 @anto00 Sí, con él y con la tía del flequillo.

DIOS, ¡CUÁNTOS COMENTARIOS!
¿«QUÉ GUAPA ERES»? ¿Y ESO QUÉ IMPORTA?
¿ES QUE NO HAN LEÍDO LO QUE HE ESCRITO?
PARECE QUE NO.
¿QUIÉN SERÁ «EL ENANO»?
¡TÚ!
¿Y «LA TÍA DEL FLEQUILLO»?
ADIVÍNALO.
PITTO K OCHO, ¿QUIÉN SERÁ?
¿Siempre vas
ese enano?
pittok8 @anto00 Sí, con él y con la tía del flequillo.
¿Y YO QUÉ SÉ?
¡ESTE COLEGIO ESTÁ LLENO DE IDIOTAS!
ASÍ ES LA MAYORÍA...

ADIÓS, CHICOS. O OS TOMÉIS EN SERIO LOS COMENTARIOS, ¿EH? TRANQUILOS.
¡FALTARÍA MÁS!
¡POR SUPUESTO!
TRANQUILA, GIULIA. TRANQUILA...
pittok8 @anto00 Sí, con él y con la tía del flequillo.
gioulia_me Un saludo de la tía del flequillo
ESTOY TRANQUILÍSIMA.
giulia_me
100% YO
gioulia_me la tía del flequillo
PITTO K OCHO, CHICHO K SIETE, PIPPO K TRES... AQUÍ ME TENÉIS.

ENANO...
anto00
@minamina ¿Siempre vas con ese enano?
pittok8 @anto00 Sí, con con la tía del flequillo.
HUM, ENANO...

¡PUES RECIBÍ UNA AVALANCHA DE MENSAJES!
HE TENIDO MUCHAS IDEAS: ELIMINAR LOS PLÁSTICOS, USAR PAPEL RECICLADO, LIMPIAR CON JABÓN BIODEGRADABLE...
¿DIOSBEGRA...
... DABLE?
QUIERO HABLAR CON LA PROFE DE CIENCIAS. Y CON LA DIRECTORA.
¿ME AYUDÁIS A HACER UN CARTEL PARA EL VESTÍBULO?
NO ERA A VOSOTROS.
¡SÍ!
¡PERO YA SABEMOS ESCRIBIR!
BUENO, ¿ME AYUDÁIS?
SÍ, MINA, LA TÍA DEL FLEQUILLO TE AYUDARÁ.
Y EL ENANO TAMBIÉN.
¿SEGUÍS PENSANDO EN ESOS COMENTARIOS? ¡PASAD PÁGINA!
YA SE NOS PASARÁ...
ES COMO EL PLÁSTICO: TARDARÁ UN POCO EN DESAPARECER.
EL PLÁSTICO TARDA CIENTOS O MILES DE AÑOS. ESPERO QUE SE OS PASE ANTES.
¿TÚ ERES UN *DIOS BEGRABABLE*?
CLARO.
YO TAMBIÉN SOY UNA *DIOSA BEGRABABLE*.

17 COMPETICIÓN

¿QUÉ PREGUNTA ES ESA?
ES UNA PREGUNTA NORMAL. ¿POR QUÉ TE GUSTO?
NO SÉ EL PORQUÉ. POR CÓMO ERES, EN GENERAL. SÉ QUE ME GUSTAS DESDE AQUEL DÍA EN LA PLAYA...
ENTONCES NOS INTERRUMPIERON, Y PASÓ MUCHO TIEMPO...
¡CASI UN AÑO!
TÚ ME GUSTABAS DE MUCHO ANTES, PERO NO ERA CONSCIENTE.
¿SOY DEMASIADO BAJITO PARA TI?
NO DIGAS IDIOTECES.
¿QUÉ HACEMOS?
NO LO SÉ.

¿RECOGEMOS PIEDRECITAS PARA VENDERLAS?
HUM... NO ME APETECE.
¿POCIONES? ¿TARTAS DE TIERRA?
¡NO!
¡ME ABURRO, ME ABURRO!
¡Y YO!
¡HOLA! ¿DÓNDE ESTÁN MINA Y JOY?
ESTÁN POR AHÍ COMO DOS ENAMORADOS.
AH, CLARO.
ESO ES PORQUE SE ACERCA LA PRIMAVERA...
¡EH! ¡MIRA ESO!
¡OOOH!

¡KEVIN TIENE MOTO!
NO ES UNA MOTO DE VERDAD...
BUENO, CASI.
¡ESO ES LO QUE QUIERO HACER!
¡Y YO!
¡A VER CUÁNTO TARDA EN RECORRER EL PASEO!
¡VEÁMOSLO!
AHÍ VA GIULIA, LA NUEVA PROMESA DEL MOTOCICLISMO...
TODOS LOS OJOS ESTÁN PUESTOS EN ELLA...

¡NUEVE MINUTOS Y QUINCE SEGUNDOS!
¡BIEN!
¡EH, GIULIA! ¿QUIERES PROBAR?
HUM... ¡SÍ, CLARO!
¿LO HAS ENTENDIDO?
PISAS EL ACELERADOR, SUELTAS EL EMBRAGUE...
PISO EL ACELERADOR, SUELTO EL EMBRAGUE Y...
¡Y ALLÁ VOOOY!
¡AYUDA!
¡PERO BUENO! SE TE DA BIEN
¿AH, SÍ?
EN DOS AÑOS TE PUED
SACAR EL CARNET.

¡HE CONDUCIDO LA MOTO DE KEVIN (UNOS METROS)!
¡GUAU!
KEVIN TIENE MOTO, KEVIN ES ALTO... TE GUSTA KEVIN, ¿VERDAD?
JOY, ¿DE QUÉ HABLAS? KEVIN ME GUSTABA, PERO TÚ MUCHO MÁS.
MENOS MAL.
PREPARADOS, LISTOS... ¡YAAA!
¡VAMOS!
¡VENGA!
¡CORRE!
¡AVANZA!
¡HEMOS GANADO!
NOOOOO
¡TIENES QUE ESFORZARTE MÁS!
OK.
ESE TRANSPORTE SÍ QUE ES ECOLÓGICO.
¡ESO ES ESCLAVITUD! MENUDA IDEA...

18 EL VIAJE DE ESTUDIOS

¡HOLA, MINA!
¡HOLA, GIULIA!
¡DÉMONOS PRISA PARA OCUPAR LOS SITIOS DE ATRÁS!
¡LOLA QUERÍA VENIR EN EL MALETERO!
¡DUDU TAMBIÉN! ME HA DICHO: «¡MÉTEME EN LA MALETA!».
CLIC
¡YA ESTAMOS EN PAESTUM!
P
¡ES ALUCINANTE QUE ESTOS TEMPLOS TENGAN MÁS DE DOS MIL QUINIENTOS AÑOS! ¡Y AQUÍ SIGUEN!
TENGO QUE DEJAR DE LLAMAR VIEJA A MI MADRE.

TODOS A DORMIR EN DIEZ MINUTOS. NO SALGÁIS DE LAS HABITACIONES.
HAREMOS TURNOS DE VIGILANCIA.
¡MENUDO CONTROL!
¡IGUAL NOS DISPARAN!
¡FIESTA DE PIJAMAS!
100% YO
¡OYEOYEOYE! ¡PERO MIRA ESOS BÓXER...! ¿SON DE...?
SÍ, SON DE CHICO.
ME GUSTAN MUCHO MÁS.
100% YO
¿LO LLEVAS MEJOR TODO?
¿Y LO MÍO?
SÍ, NO SE ME HA PASADO, PERO ESTOY BIEN.
TE QUIERO MUCHO.
Y YO.

¡OYE, LOS DE TERCERO DAN UNA FIESTA! ¿VAMOS?
¡VALE! LLAMA TAMBIÉN A JOY.
¿HAY ALGUIEN?
NO, VÍA LIBRE.
¿DÓNDE ES?
MÁS ADELANTE...
LA PUERTA DE LA PROFE.
¡SHHH!
100% YO
¿QUÉ HACÉIS AHÍ? ¿QUIÉNES SOIS?
VOLVED A CLAS... ¡A VUESTRA HABITACIÓN!
¡GIULIA! ¡TE HE VISTO!

... UNA FIESTA... GENTE DE NOCHE POR LOS PASILLOS... RESPETO A LOS DEMÁS... RESPONSABILIDAD... ¡SABEMOS LOS NOMBRES!
... INCÍVICOS... DECEPCIÓN... DESESPERACIÓN... HORROR...
PROFE, SIENTO LO DE AYER: PERO TANTO QUE HABLÁIS SOBRE EL RESPETO... ¿QUÉ PASA CON EL RESPETO AL MEDIO AMBIENTE?
¿A QUÉ VIENE TODO ESTE PLÁSTICO?
PLÁSTICO EN EL COLE, PLÁSTICO EN EL VIAJE, BOCADILLOS ENVUELTOS EN PLÁSTICO, CUBIERTOS DE PLÁSTICO...
¡MINA! ¿QUÉ IMPORTA AHORA MISMO EL PLÁSTICO?
¡IMPORTA SIEMPRE! CADA VEZ QUE VEO LA EXPENDEDORA DE BOTELLINES DE AGUA DEL COLE... ¡ME VUELVO LOCA!
ESTOS CUBIERTOS Y ESTOS BOCADILLOS ENVUELTOS EN PLÁSTICO... ¡SON UNA BARBARIDAD!
NO TE ATREVAS A USAR ESE TONO...
PROFE, ¡MINA TIENE RAZÓN!
SÍ, PERO AHORA NO ES EL MOMENTO...
¡SIEMPRE ES EL MOMENTO!
¡BASTA DE PLÁSTICO EN EL COLE!
¡VIVA MINA!
¡BASTA DE PLÁSTICO!

¡UN VIAJE SIN PLÁSTICO ES FANTÁSTICO...!
¡PARAD, CHICOS! ¡NO AGUANTO MÁS!
¡... ES MÁS DRÁSTICO, ES BOMBÁSTICO...!
¡BASTAAA!
¿QUÉ HABÉIS HECHO?
¿ME LO CUENTAS?
¿ME HAS TRAÍDO UN REGALO?
SÍ, LOLA: UN REGALO ESPECIAL PROVENIENTE DE LA ANTIGÜEDAD.
¡GUAU! ¿DE VERDAD ES TAN ANTIGUA?
ANTIQUÍSIMA.
¿CUÁL CREES QUE ES MÁS ANTIGUA?
LA MÍA, ¿NO VES QUE TIENE ARRUGAS?
SI SUPIERAN QUE LAS ENCONTRAMOS EN EL APARCAMIENTO DEL COLE...
IMPOSIBLE, ELLOS NUNCA PASAN POR ALLÍ.

PROYECTOS PARA EL PRESENTE

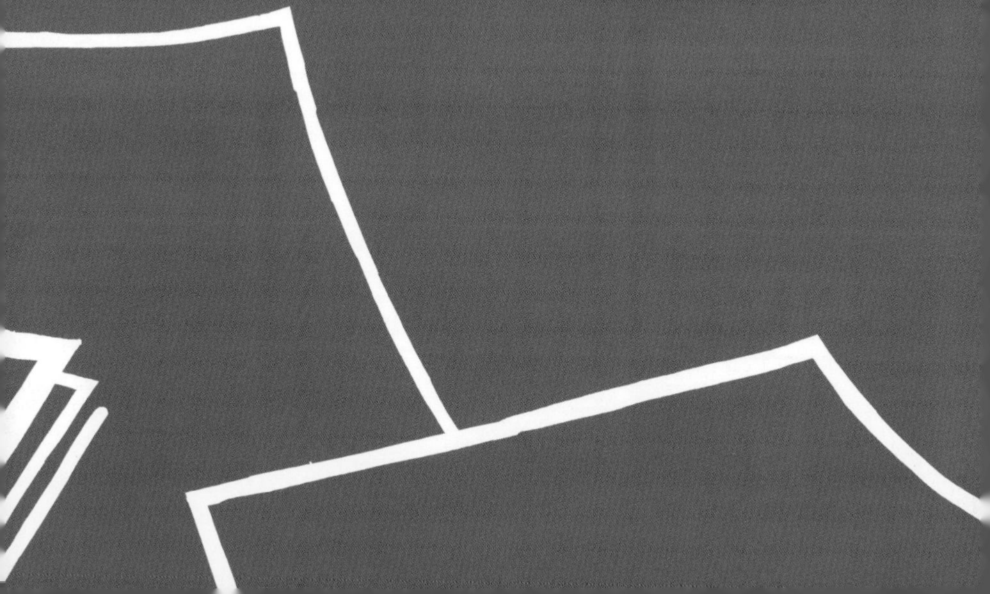

19 EL MONSTRUO DE PLÁSTICO

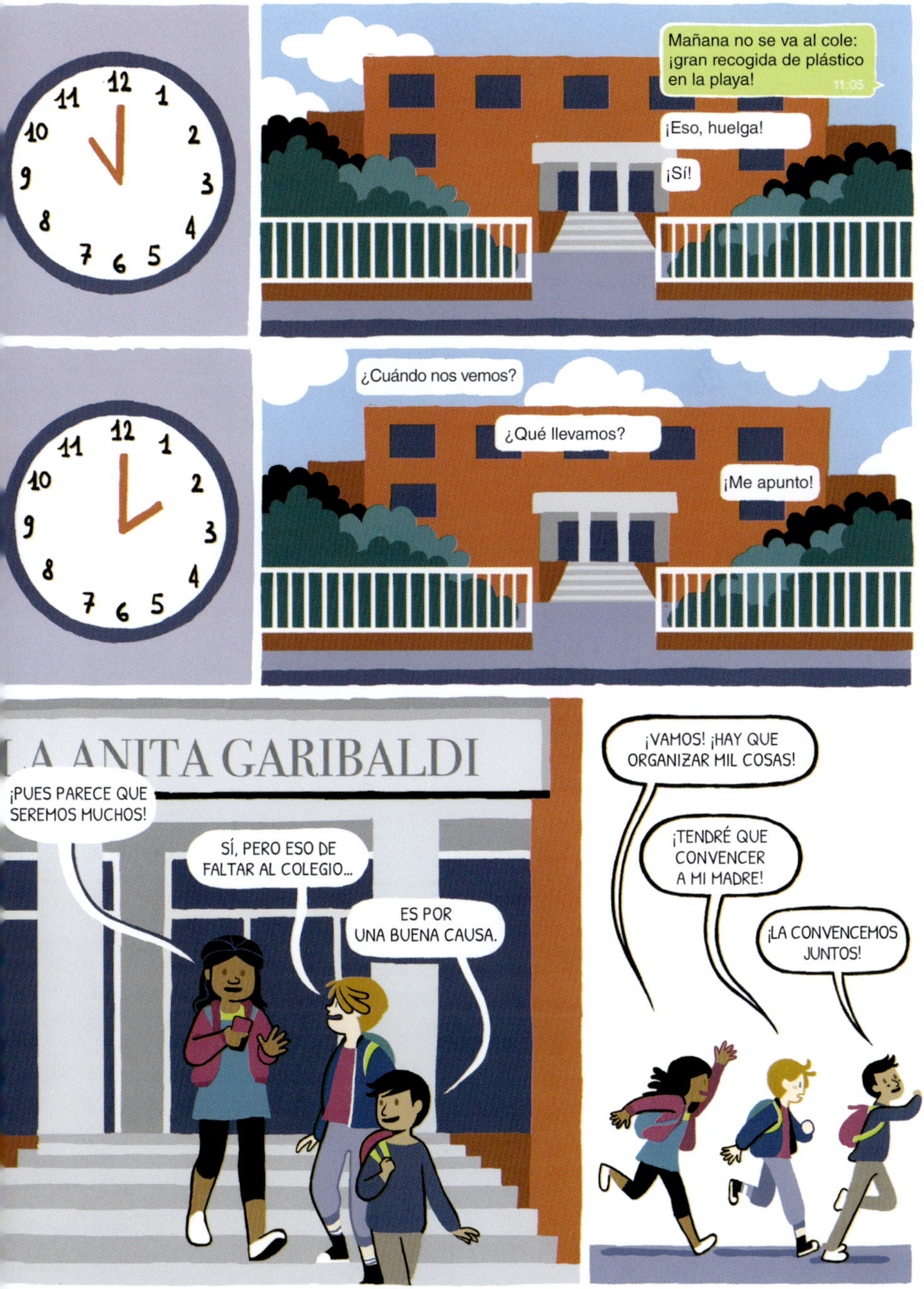
Mañana no se va al cole: ¡gran recogida de plástico en la playa!
11:05
¡Eso, huelga!
¡Sí!
¿Cuándo nos vemos?
¿Qué llevamos?
¡Me apunto!
LA ANITA GARIBALDI
¡PUES PARECE QUE SEREMOS MUCHOS!
SÍ, PERO ESO DE FALTAR AL COLEGIO...
ES POR UNA BUENA CAUSA.
¡VAMOS! ¡HAY QUE ORGANIZAR MIL COSAS!
¡TENDRÉ QUE CONVENCER A MI MADRE!
¡LA CONVENCEMOS JUNTOS!

¿CREÉIS QUE LOS DEMÁS VENDRÁN?
SI NO VIENEN, PACIENCIA.
SUJETA BIEN LA BOLSA.
¡AHÍ VIENE ALGUIEN!
SOMOS MUCHOS, ¡QUÉ BIEN!
HOMBRE DE ARENA, NUESTROS HERMANOS NO QUERÍAN QUE VINIÉSEMOS.
PAT PAT
PAT
PERO HEMOS VENIDO IGUALMENTE.
SABÍAMOS QUE ESTARÍAS AQUÍ.
ESTABA CUBIERT
DE PLÁSTICO.

LA VERDAD ES QUE TAMBIÉN HABRÍA QUE LIMPIAR EL MAR.
SÍ, PERO ¿CÓMO?
¡CON ESTA BARCA!
YES!
JAU! ¡HOLA, KEVIN! ¿PUEDO IR CON VOSOTROS?
¡SÍ!
¿AVANZO MÁS?
CLIC
SÍ, UN POCO MÁS.
¡BUENA PESCA!

HOMBRE DE ARENA, ¿QUÉ PASA?
¡SE AVECINA UN PELIGRO!
SOLO ES LA BARCA DE KEVIN...
OH, OH, ¿QUÉ PASA?
DIOS, PERO SI ES...
¡EL MONSTRUO DE PLÁSTICO!
¡NO PUEDO... RESPIRAR...!
¡SUÉLTALO, MONSTRUO!
¡BASTA!
¡PÍDELE PERDÓN A NUESTRO AMIGO!
¡PER...
¿«PER...» Y QUÉ MÁS?
... DONA!

¡VENGA, MÉTETE AHÍ!
MUY BIEN, MONSTRUO. ¡AHÍ!
¡LISTO! ¡DE AQUÍ NO SE ESCAPA!
CHICOS, ESTA HUELGA HA SIDO UN ÉXITO...
... PODEMOS ESTAR ORGULLOSOS DEL TRABAJO QUE HEMOS HECHO.
¡SÍ!
¡VIVA!
¡QUÉ MARAVILLA!
SÍ.
LOLA, ¿CUÁNDO LLEGA EL CAMIÓN DEL PLÁSTICO? EL MONSTRUO SE MUEVE...
AHORA VIENE...

20 MALAS NOTICIAS

TENGO QUE IRME A CASA, ¿NOS VEMOS DESPUÉS?
SÍ, NOS PASAMOS A POR TI.
ESTÁ CLARO QUE MINA PODRÍA SER CIENTÍFICA.
SÍ, YA TE DIGO.
¿TÚ QUÉ QUIERES SER?
¿DE MAYOR...? NO TENGO NI IDEA. ¿Y TÚ?
NO LO SÉ... PERO ESTE VERANO QUIERO APRENDER A PESCAR.
¡QUÉ BUEN PROPÓSITO!
¡EH! ¿UN PASEO EN BARCA?
¡SÍ!
¡EMPUJAD UN POCO MÁS!
¡UFFF!
NO HACE FALTA HUNDIR TANTO LOS REMOS. SI TE MANTIENES EN LA SUPERFICIE, TE CANSAS MENOS Y MANEJAS MEJOR LA BARCA.
OK.
SPLASH

POR AHÍ TIENE QUE HABER TOMATES, JAMÓN, ACEITUNAS...
¡GUAU!
¡QUÉ BUEN PASEO! REPETIMOS CUANDO QUERÁIS.
GRACIAS, KEVIN. ¡QUÉ AMABLE!
¡VA A SER UN GRAN VERANO!
DESPUÉS HABRÁ UNA FIESTA EN LA PLAYA POR EL FIN DE LAS CLASES. ¿VENÍS? ¡DECÍDSELO A MINA!
¡VALE! GRACIAS DE NUEVO.
¡HASTA LUEGO!
¡MINA! ¡KEVIN NOS HA INVITADO A UNA FIESTA!
¡MINAAA! ¡BAJAAA!
¡MINA! ¿A QUÉ VIENE ESA CARA?
¿NO TE MOLA?
¡PERO SI KEVIN ES MUY SIMPÁTICO!
¡BAJA YAAA!
¡DUDU, BAJA TÚ TAMBIÉN!
LOLA, ¿QUÉ HACES AQUÍ?
ACABO DE LLEGAR.

DUDU, PLEASE, STOP IT NOW!
MINA, ¿QUÉ PASA?
NOS MUDAMOS A INGLATERRA. NOS LO ACABA DE DECIR MI MADRE.
¡NO ES JUSTO!
NO, PARA NADA...
PERO...
¿... POR QUÉ?
PORQUE AQUÍ NO TENEMOS LA CIUDADANÍA Y EN INGLATERRA SÍ, O ALGO ASÍ.
DUDU, NO LO ENTIENDO: ¿OS VAIS HOY?
NO.
¿MAÑANA?
NO. FALTAN MUCHOS DÍAS.

¡ENTONCES AÚN PODEMOS HACER UN MILLÓN DE COSAS!
VIVIR AVENTURAS EN EL MAR...
¡Y EN EL CIELO!
¡Y TAMBIÉN PODEMOS SUBIR A LA CIMA DEL MONTE!
MINA, ¿SUBIMOS AL MONTE? *LET'S GO NOW, PLEASE...*
JOY, SUBAMOS AL MONTE, VENGA. YO LLEVO EL AGUA, ¡LO LLEVO TODO! YO LO ORGANIZO...
MANA, POR FAVOR...

¿POR QUÉ ESTAMOS HACIENDO ESTO?
NO LO ENTIENDO, LA VERDAD.
QUÉ CAMINATA TAN ABSURDA...
¡AHÍ ESTÁ, DUDU!
OS ESPERABA, PEQUES.
¡SEÑORA ÁRBOL!
SEÑORA ÁRBOL, ¿SABE QUE DUDU SE MUDA?
LO SÉ, ME LO HA DICHO UN PAJARITO.
SIGAMOS ADELANTE, A VER SI LOS PERDEMOS.
ESO, ASÍ ME DEJO AQUÍ A DUDU.
¡LA VERDAD ES QUE HA SIDO BUENA IDEA PODER VER LOS BLOQUES ROJOS DESDE ARRIBA!
ME DAN GANAS DE LLORAR, PERO... ¿DECÍAIS ALGO DE UNA FIESTA?
SÍ, ¿VAMOS?
SÍ, SÍ, NO ME QUIERO PERDER NADA.

21 ESCAPAR

HOY NO QUERÍA HACER NADA, NO HAGO MÁS QUE PENSAR EN CUÁNDO TE MARCHARÁS.
YO NO QUIERO DARLE DEMASIADAS VUELTAS. AHORA ESTAMOS AQUÍ Y ESTAMOS JUNTOS, ¿NO?
EXACTO. QUIERO DARTE ESTO.
ES UN SUEÑO QUE TUVE HACE UNOS MESES. VOLABA, DESPACIO, SOBRE EL MAR Y TÚ TE UNÍAS A MÍ.
PRECIOSO...
... TODOS NOS BUSCABAN Y NOSOTROS NOS REÍAMOS DESDE LO ALTO.
EXACTO. NOS QUIERO RECORDAR JUNTOS Y RIÉNDONOS.

QUEDÉMONOS AQUÍ. NO VOLVAMOS A CASA.
VALE.
¡EH!
¡GIULIA, ESCÁPATE CON NOSOTROS!
¿QUÉ?
ESTAMOS PENSANDO EN FUGARNOS.
¿EH?
VAYÁMONOS DONDE NO NOS PUEDAN ENCONTRAR.
¿LISTOS? TENEMOS QUE CONCENTRARNOS. UNO, DOS Y...
¡... TRES!

¿VEIS? AQUÍ NADIE PODRÁ ENCONTRARNOS.
¡MIRA!
QUÉ BONITOS!
¡MÍRALOS!
¡MINA Y JOY!
PLAF

AYÚDAME
A SUBIR.
AGÁRRATE
A MÍ.
¡POR FIN OS
ENCONTRAMOS!
¿POR QUÉ NO
RESPONDÉIS AL
TELÉFONO?
¡MINA! MAMÁ ME HA PEDIDO QUE
TE BUSQUE. HAY QUE EMPEZAR A
HACER LAS MALETAS.
Y YO
TAMBIÉN HE
VENIDO.
SUEÑO TERMINADO.
ESTARÉ CON DUDU
HASTA QUE SE VAYA.
EXACTO, ASÍ SERÁ.
YA ECHO DE MENOS
ESTA PLAYA.
¡DIJISTE QUE NO
LE DARÍAS MÁS
VUELTAS!
¡ES VERDAD!
AÚN TENEMOS
TIEMPO.
YA TENGO UN POCO
DE NOSTALGIA.
COMO TÚ DIJISTE:
AÚN ESTAMOS AQUÍ.

DUDU, ¿TÚ TIENES *NASTOLGIA?*
¿ESO QUÉ ES?
EL DOLOR DE BARRIGA DE ANTES DE MARCHARTE.
¡AH! NO LO SÉ. NUNCA HE SUBIDO EN AVIÓN.
A LO MEJOR PUEDO IRME TAMBIÉN A INGLATERRA.
¡SÍ! TE ESCONDES EN MI MALETA.
¡OJALÁ!
¿PERO DÓNDE ESTÁN ESOS DOS?
¿SE HAN FUGADO?
¿DÓNDE VAMOS?
¿QUÉ MÁS DA?
BUENO, DEJÉMOSLOS SOLOS UN RATO.
¿Y QUÉ LE DIGO A MAMÁ?
¡QUE SE HAN IDO VOLANDO!
¿LA VUELTA AL MUNDO?
SÍ, PERO VOLVAMOS ANTES DE CENAR.
PERFECTO, HAY TIEMPO DE SOBRA.

LOS HABITANTES DE LA TIERRA

22 DESPEDIDAS

¿QUÉ HABRÁ PASADO?
HABRÁ HABIDO UN NAUFRAGIO, O A LO MEJOR...
¿PERO QUÉ ES ESTE OLOR A QUEMADO?
SNIF SNIF
HAN HECHO UNA HOGUERA CON LOS RESTOS.
¿QUÉ? ¿ESTÁN LOCOS?
¡QUEMAR PLÁSTICO EN LA PLAYA ES UNA LOCURA!
AHÍ ES.
PERO NO HUELE A PLÁSTICO...

¡SORPRESA!
POR MINA Y DUDU: ¡HIP, HIP, HURRA!
PERO QUÉ... DIOS, ¡ME LO HABÍA CREÍDO!
¿ERA UNA BROMA?
SÍ, DUDU
¡BRAVO, KEVIN!
¡QUÉ BUEN ACTOR!
GRACIAS, GRACIAS.
MINA, DUDU: ¡BUEN VIAJE! OS ECHAREMOS DE MENOS. MINA, ERES TREMENDA, NO ME LO PUEDO CALLAR. YA SABES QUE ME GUSTABAS, PERO PREFERISTE A JOY...,
... QUE ES UN RENACUAJO, PERO MAJO. AHORA TE VAS Y ÉL SE QUEDA...
MINA, DUDU, HEMOS ORGANIZADO ESTA FIESTA SORPRESA PARA DESPEDIRNOS.
EH... GRACIAS, KEVIN.

¡Y PARA DAROS UN REGALITO!
¡GRACIAS!
¡LAS HE PINTADO YO!
¡SON PRECIOSAS, GIULIA! TE QUIERO MUCHO.
Y YO MÁS, YA LO SABES. ERES LA PRIMERA PERSONA A LA QUE YO...
LA PRIMERA PERSONA QUE HA SIDO IMPORTANTE PARA MÍ.
TÚ TAMBIÉN ERES IMPORTANTE PARA MÍ, GIULIA.
¡BUEN VIAJE!
¡DUDU, VAS A SUBIR EN AVIÓN!
¡SÍ!
¿TIENES MIEDO?
NO LO SÉ... CREO QUE NO.

¡ESTAREMOS SIEMPRE CONTIGO!
LO SÉ.
CHICOS, NOS VAMOS AL AMANECER, ASÍ QUE TENEMOS QUE IRNOS. ¡GRACIAS POR TODO!
TE ACOMPAÑO A CASA.
¡BUEN VIAJE!
¡MUCHA SUERTE!
BUENO... HA LLEGADO EL MOMENTO.
SÍ.

NO HAY QUE TENER MIEDO, ¿VERDAD?
NO WORRIES, DUDU.
¿Y BIEN?
TRANQUILO, TODO VA BIEN. LO HA DICHO MI HERMANA.
NO SÉ SI TENEMOS MIEDO O NO.
NO.
OK.

23 UNA HORA MENOS

¡LE HE ESCRITO MINA! DICE QUE ESTÁ BIEN.
YO TAMBIÉN, PERO NO PARECÍA MUY CONTENTA.
¿QUÉ HA DICHO?
COSAS NUESTRAS.
CLARO, CONTIGO ES DIFERENTE...
¿QUÉ PASA? CLARO QUE ES DIFERENTE...
LO SÉ, PERDONA. A VECES ME PONGO CELOSA. NO SE ME PASA.
TÚ TIENES VERDADEROS RECUERDOS, YO SOLO COSAS IMAGINARIAS.
OYE, SIEMPRE TE HE ENTENDIDO, PERO TE ASEGURO QUE AHORA MISMO ESTOY PEOR QUE TÚ.
NO ES UNA COMPETI-CIÓN.
NO, PERO... VALE. TIENES RAZÓN. NO LO ES.
DIGAMOS QUE AMBOS LA ECHAMOS DE MENOS.
A SABER CÓMO ESTÁ ELLA...
TODO SU MUNDO HA CAMBIADO.

QUERIDA MINA: TODO ES MUY RARO SIN TI.
DESDE HACE UNOS DÍAS, NO RECUERDO MIS SUEÑOS. ME DESPIERTO PREGUNTÁNDOME SI HE SOÑADO CON TU PARTIDA. CADA MAÑANA ME DIGO QUE NO.
NO ES CULPA NUESTRA. LAS COSAS SON ASÍ.
Como dice Giulia, al menos tengo recuerdos verdaderos.
¿QUIÉN ESTÁ PEOR DE LOS TRES? CREÍA QUE YO, PERO YA NO ESTOY SEGURO.
NO TE MANDARÉ ESTA CARTA, PERO ME SIENTA BIEN ESCRIBIRTE. ESPERO QUE ESTÉS BIEN. TU JOY.

Giulia
Estoy abajo.
8:05
Joy
Ya llegamos.
8:05
¡HOLA, GIULIA! ¡APÚRATE, *MANO!*
TRANQUILA. ¡HOLA, GIULIA!
¡HOLA!
¿QUÉ ESTARÁ HACIENDO DUDU? ¿ESTARÁ YENDO AL COLE?
CREO QUE NO. ALLÍ ES UNA HORA MENOS.
¿QUÉ ES ESO DE UNA HORA MENOS?
IGUAL SIGUE DURMIENDO.
EN INGLATERRA TODAVÍA ESTÁ OSCURO.
¡ENTONCES VIVEN EN EL PASADO!
NO ES ASÍ, LOLA.
¡QUÉ SUERTE TIENE DE SEGUIR DURMIENDO! YO ESTOY DESPIERTA Y QUIERO LLEGAR YA AL COLE.

¡ADIÓS!
¡ADIÓS, LOLA! ¡QUE PASES BUEN DÍA!
EMPIEZA UN NUEVO CURSO...
¡EH, MIRA!
¡HAN PUESTO BOTELLINES BIODEGRADABLES!
¡HALA!
BIODEGRADABLES Y COMPOSTABLES, ¡JUSTO LO QUE PEDÍA MINA!
Y HAN PUESTO UN CONTENEDOR PARA TIRARLOS, ASÍ VAN TODOS JUNTO A LOS RESIDUOS ORGÁNICOS.
CLIC

¡MÁNDASELA, A VER SI RESPONDE!
ALLÍ ES UNA HORA MENOS, ESTARÁ DESAYUNANDO.
8:20
¡Os llamo!
8:20
¡MÍRALA!
¡HOLA, MINA! ¿HAS VISTO QUÉ GUAY?
MÁS VALE TARDE QUE NUNCA.
SÍ, QUÉ IMPORTANTE.
ES UN INICIO.
¿TENÉIS QUE ENTRAR A CLASE?
SÍ, EN UN MINUTO.
VALE. GRACIAS POR LA FOTO. ¡ME ALEGRO MUCHO!
ESTA VICTORIA ES TUYA, MINA. NOSOTROS SEGUIREMOS LIMPIANDO LA PLAYA.
GENIAL. PERO NO TENÉIS QUE HACERLO POR MÍ. ¡ADIÓS, CHICOS!
ADIÓS, MINA.
¿DE VERDAD SEGUIREMOS LIMPIANDO LA PLAYA?
CLARO.
PERO YO LO HARÉ SOLO POR ELLA.
CLARO, Y YO.

24 ¿QUÉ SOMOS?

QUERIDA MINA:
ALGUNAS MAÑANAS ME DESPIERTO SEGURO DE HABER SOÑADO CONTIGO, PERO NO RECUERDO NADA MÁS.
NO SÉ SI SUEÑAS CONMIGO. CUANDO HABLAMOS, NO TENGO EL VALOR DE PREGUNTÁRTELO.
ESTE AÑO TENEMOS QUE ELEGIR INSTITUTO. GIULIA IRÁ AL DE ARTES. YO NO LO SÉ. ¿QUÉ QUIERO SER DE MAYOR? ¿PILOTO DE AVIÓN? ¿CREADOR DE HISTORIAS?
TENGO CLARO QUE NO QUIERO SER CIENTÍFICO. ESE ES TU ROLLO, NO EL MÍO.
AÚN TENGO TIEMPO PARA DECIDIRME. MIENTRAS, SIGO ESCRIBIÉNDOTE ESTAS CARTAS QUE NO TE ENVÍO. ¡AH! HAY OTRA COSA: QUE NO TENGO EL VALOR DE DECIRTE: GIULIA HA PESCADO SU PRIMER PEZ.

ESTABA CONTENTÍSIMA.
NO ME PODÍA CREER QUE HUBIESE PICADO.
PESARÁ SOBRE UN KILO. LO HAS SACADO MUY BIEN. ¡MENUDO AVANCE!
SÍ, TENGO QUE COGERLE EL TRUCO, PERO YA SÉ CÓMO ES.
ME ENCANTA PESCAR, ESTAR EN MITAD DEL MAR, ESPERAR...
AUNQUE MINA NO LO APROBARÍA.
¿MINA? YA LO ENTENDERÁ. SE LE PASARÁ LA OBSESIÓN CON EL MEDIO AMBIENTE.
NO LO CREO.
¡PARA NADA!

VOY A ESCRIBIRLE. ¿QUÉ LE DIGO? «ESTAMOS EN LA PLAYA Y PENSAMOS EN TI...».
... Y EN LA DORADA.
CÁLLATE.
UNA PREGUNTA: ¿MINA LLEVA UNIFORME EN SU COLE?
CREO QUE SÍ.
¡ESTARÁ GUAPÍSIMA! A SABER CUÁNTOS NOVIOS... OYE, ¿QUÉ PASA?
NI QUE FUESE MENTIRA...
OK, KEVIN, GRACIAS.
¡AQUÍ ESTÁ!
ECHO MUCHO DE MENOS LA PLAYA. SOIS MUY AFORTUNADOS. ¿HABÉIS HECHO UNA HOGUERA? ¿ES QUE HACE FRÍO?
NO, ES QUE ESTAMOS DORANDO LA... EH... EL PAN. VAMOS A HACER TOSTADAS.
QUÉ RICAS.
SÍ.
¿CUÁNTO TIEMPO SEGUIREMOS EN CONTACTO?
¡ADIÓS, MINA! ¡ADIÓS!
¡ADIÓS!

QUERIDA MINA...
APARTA LA MANO, QUE NO PUEDO LEER.
¡LOLA! ¡MÉTETE EN TUS ASUNTOS!
«ALGUNAS MAÑANAS ME DESPIERTO...».
¡CÁLLATE! ¡ESFÚMATE! ¡VETE DE AQUÍ!
¿Y QUÉ ESCRIBE?
NADA, COSAS MUY ABURRIDAS.
¿A QUÉ HORA EN TU CASA?
A LA HORA DE LA MERIENDA, ¿VIENES?
¡CLARO!
¿QUÉ VAMOS A MERENDAR?
UNA MERIENDA INGLESA.
¿Y AHORA ERES INGLÉS?
NO LO SÉ, VOY A PREGUNTAR.
¡¡¡MINA!!!

¿QUÉ PASA?
¿QUÉ SOY YO?
¿EH?
¿SOY INGLÉS, ITALIANO, NIGERIANO...?
¿QUÉ SOY?
ERES UN HABITANTE DEL PLANETA TIERRA.
PUES YO SOY UN HABITANTE DE LA ARENA.
Y YO DEL ASFALTO.
QUÉ RICA ESTÁ LA SOPA INGLESA.
NO ES SOPA, ES TÉ.

QUERIDA MINA: ¿TE ACUERDAS DEL GLOBO TERRÁQUEO QUE LE REGALASTE A GIULIA?
SEGURO QUE TE ACUERDAS.
CUANDO VOY A SU CASA, PASAMOS EL RATO MIRÁNDOLO. NOS HACE SENTIR INVISIBLES Y, A LA VEZ, ENORMES.
TERRÍCOLAS Y, A LA VEZ, CRIATURAS VENIDAS DE A SABER DÓNDE, LLEGADAS AQUÍ DE CASUALIDAD.
Y AMBAS COSAS SON CIERTAS.
ME DESPIDO DE TI, SEAMOS LO QUE AHORA SEAMOS. SIGUE HACIENDO BUEN TIEMPO Y TENGO QUE SALIR. TU JOY.
FIN

NOTA DE LAS AUTORAS

FIN.
ADIÓS, BLOQUES ROJOS.
MINA HB
QUÉ RARO ES ESO DE ACABAR UNA HISTORIA. ECHO YA DE MENOS A TODOS LOS PERSONAJES.
YO TAMBIÉN.
ME PREGUNTO QUÉ HARÁN DESPUÉS.
¿TÚ CREES QUE MINA VOLVERÁ A LOS BLOQUES ROJOS?
¿TE GUSTARÍA QUE VOLVIESE?
PUES SÍ.
IGUAL VUELVE UN VERANO, CON DUDU.
SE PODRÍA QUEDAR CON GIULIA.
CLARO, PERO CONOCERÁN A TANTA GENTE...

SÍ, PERO SIEMPRE SERÁN AMIGOS, ¿VERDAD?
PUEDE SER.
¿CÓMO QUE «PUEDE SER»? NO ME ASUSTES, ¿EH?
¡PUES CLARO QUE SERÁN AMIGOS!
¡VALE!
QUÉ RICA ESTÁ ESTA SOPA INGLESA, ¿EH?
¡JA, JA! ¡SÍ!
A SABER CÓMO SERÁ DUDU DE MAYOR. ¿Y LOLA? LOLA SERÁ UNA JEFAZA, ESTÁ CLARO.
¿SE LO PREGUNTAMOS?
¿EL QUÉ?
TODAS ESTAS DUDAS. PREGUNTÉMOSELAS.
¡SÍ!

LOLA, ¿QUÉ VAS A SER DE MAYOR?
¿EH? NO LO SÉ. ¿QUÉ HAY AQUÍ?
¿PUEDO COGER UNA GALLETA?
CLARO.
PERO NO TE LAS COMAS TODAS.
ES QUE TÚ ERES MUY LENTA.
NOS PREGUNTÁBAMOS QUÉ PASARÁ DESPUÉS. ¿QUÉ HARÉIS?
NO SÉ, ¿VAMOS A JUGAR?
SÍ, AQUÍ NO HAY MÁS COMIDA.
¿RECUERDAS CUANDO SOLO ERAN DOS BOCETOS?
SÍ, QUÉ TIERNOS.

ERAN CANSINOS DESDE ANTES DE NACER.
LILA
DUDU
¿DE QUIÉNES HABLÁIS?
DE DOS AMIGOS NUESTROS...
¿Y LOS OTROS?
¿DÓNDE ESTARÁN?
¡ESTAMOS AQUÍ! ¡PASAD LA PÁGINA!

¿PERO NI SIQUIERA NOS VAIS A PONER UN FONDO?
¿QUÉ PREFERÍS?
100% YO
¡NUESTRA PLAYA!
¡ESTO ES OTRA COSA!
¿PODEMOS IR NOSOTRAS?
¡CLARO!
ME TENGO QUE ECHAR CREMA PARA NO QUEMARME.
¡QUÉ BONITO!
¡VAMOS, DUDU!
DESPACIO, ME DUELE LA BARRIGA.
TE LO MERECES.

RITA Y YO QUERÍAMOS PREGUNTAROS... AY, ¿CUÁL ERA LA PREGUNTA?
¿HAY ALGO QUE QUERÁIS DECIRLE A LOS LECTORES Y LECTORAS DE *BLOQUES ROJOS*?
OS ESTÁN VIENDO.
¿AHORA MISMO?
¡GUAU!
EH, ¡HOLA!
ESTÁN AHÍ, ¿LOS VEIS?
¡NOS ESTÁN MIRANDO! ¿QUÉ HACEMOS?
¡MONTEMOS UN ESPECTÁCULO! LLAMAD A LOS DEMÁS.
¡SÍ!

¡VENGA, VAMOS AL AGUA!
¡ESTOY MALITO!
DUDU, LOLA, ¿QUERÉIS UNA FOTO VOLADORA?
¡SÍÍÍ!
¡ME HE CURADO!
¡AMIGOS DE LOS BLOQUES ROJOS, VENID TODOS!
QUERIDOS LECTORES, QUERIDAS LECTORAS, QUERIDAS CRIATURAS AMIGAS...
QUEREMOS DESPEDIRNOS A NUESTRA MANERA:
UNO, DOS Y...

. . . ¡TRES!
¡ADIÓS!
¿AHORA SÍ QUE HA TERMINADO?
CREO QUE SÍ.

AGRADECIMIENTOS

Bloques rojos se publicó por entregas, entre 2020 y 2022, en la revista *Internazionale Kids*. Por ello, Rita y Susanna quieren darles las gracias a Giovanni De Mauro, Martina Recchiuti, Alberto Emiletti, Marta Russo, Pierfrancesco Romano y a toda la redacción de la revista: sin ellos, esta historia nunca habría nacido. Un agradecimiento especial a las lectoras y lectores de *Kids* que han demostrado su cariño por *Bloques rojos* con mensajes de todo tipo y que nunca han dejado de preguntar: «¿Se convertirá en un libro?».

LAS AUTORAS

SUSANNA MATTIANGELI nació en 1971 en Roma, donde aún vive y trabaja. Además de elaborar guiones para cómics, escribe y traduce novelas breves, cuentos largos y textos para álbumes ilustrados. Para Il Castoro escribió el guion de los álbumes *Cómo funciona la maestra* (2013), *Avete Visto Anna?* (2017), *Alguien como Antonio* (2018) y los libros de la serie «Mina HB», ilustrados por Rita Petruccioli. Todas sus obras se han traducido fuera de Italia. Ganó el Premio Andersen a mejor autora en el 2018 y ha sido elegida como Children's Laureate italiana para el periodo 2022-2024.

RITA PETRUCCIOLI es una ilustradora y autora de cómics romana con un estilo único y vibrante. Colabora con las mejores editoriales italianas y del extranjero, y con revistas como *Internazionale Kids* y *La Revue Dessinée Italia*. En 2019 publicó la novela gráfica *Ti chiamo domani*, su debut en solitario. En 2017, *Frantumi*, con guion de Giovanni Masi (Bao Publishing). Junto a Lorenzo Ghetti es autora de *Isa Vince Tutto*, cómic publicado por Rulez en 2022 que ganó el premio a mejor webcómic del Festival de Treviso y el premio joven de la Comicon de Nápoles en 2023. Para Il Castoro ha ilustrado los libros de la serie «Mina HB», con guion de Susanna Mattiangeli.